学校では
教えてくれない
大切なこと 21

感性の育て方

センスをみがく

マンガ・イラスト 入江久絵

旺文社

はじめに

テストで100点を取ったらうれしいですね。先生も家族もほめてくれます。でも、世の中のできごとは学校でのテストとは違って、正解が1つではなかったり、何が正解なのかが決められないことが多いのです。

「私はプレゼントには花が良いと思う」「ぼくは本が良いと思う」。どちらが正解ですか。どちらも正解。そして、どちらも不正解という場合もありますね。

山登りで仲間がケガをして動けない。こんなときは「動ける自分が方位磁石にしたがって下りてみる」「自分もこのまま動かずに救助を待つ」。どちらが正解でしょう。状況によって正解は変わります。命に関わることですから慎重に判断しなくてはなりません。

このように、100点にもなり0点にもなりえる問題が日々あふれているの

が世の中です。そこで自信をもって生きていくには、自分でとことん考え、そのときの自分にとっての正解が何かを判断していく力が必要になります。

本シリーズでは、自分のことや相手のことを知る大切さと、世の中のさまざまな仕組みがマンガで楽しく描かれています。読み終わったときには「考えるって楽しい！」「わかるってうれしい！」と思えるようになっているでしょう。

本書のテーマは「感性の育て方～センスをみがく～」です。私たちの身の回りの物事はいろいろな人たちの「センス」が集まってできています。キミは自分のもつ「センス」に気付いていますか？「センス」は特別な人だけがもつものではなく、だれだってもっているものなのです。身の回りを観察して、自分や友だちの素敵なところに目を向けてみましょう。キミならではのステキなセンスに気付き、育てていくことが、自分らしく生きていく力になることでしょう。

旺文社

もくじ

3章 もっとセンスアップするためには

4章 きみのセンスの生かし方

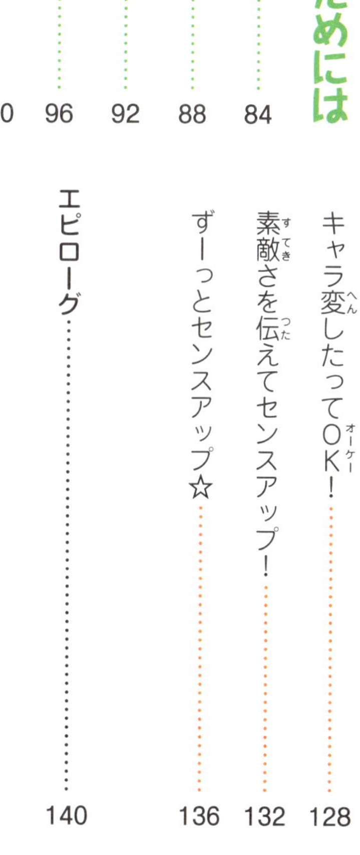

スタッフ

●編集
山野友子

●編集協力
右田桂子（株式会社スリーシーズン）
森田香子

●装丁・本文デザイン
木下春圭（株式会社ウエイド）

●装丁・本文イラスト
入江久絵

●校正
株式会社ぷれす

学園の仲間たち

コナスン

運動神経が抜群で，不思議なポーズをとることも。ちょっぴりキザ。

身のこなしが美しい

チョイス

「センス」に疑問をもちながらも，センスアップ学園へやってきた転校生。どんなセンスをもっているかはまだナゾ。

？？？？？

ヨミス

気配り上手で，その場の空気を和ませる天才。ちょっぴり弱気。

空気を読むプロ

センスアップ学園とは

今より少し時間が進んだ近未来の，宇宙のとある星に作られた学園。宇宙各地からセンスある生徒が集まり，おたがいにセンスを高め合える学びの場。

センスアップ

コトハ

言葉の表現が豊かで，ほめ上手。
趣味・読書
特技・読書

言葉の魔術師

キラリ

おしゃれのことならお任せあれ。最先端ファッションを自己流にアレンジ★

ファッションセンスNO.1

センスアップ学園の先生たち

学園長

不思議なセンスをもつ，トボけたキャラクター。生徒につっこまれることも楽しんでいるよう？

クフミ

料理や掃除が得意で，工夫が大好き。エプロンが目印♪

工夫の達人

ペットン

ナゾの宇宙生命体。センス先生と行動を共にしている。センスに詳しい。

センス先生

ハイセンスな生徒を世に送り続ける，センスある人物。おこるとこわいけれど，生徒思いの先生。

プロローグ
20××年ー
センスアップ学園
センスの空に～センスの風がふくよ～
センスを～アップして～大きな世界が～私たちを待つよ～
今日もすがすがしく歌えましたね。
はい！
パチパチ
パチパチ
あ、学園長！
ホッホッホ…

学園長、おはようございます。
ペコリ
あぁ、おはよう。コトハ君、
昨日、せきが出ていらっしゃいましたがお加減、いかがですか？
笑顔＋目線＋ちょっとした声かけで
スマートにあいさつがキマる!!
体調はもうすっかりいいよ。
よかった！
ぐっ
きみは相変わらず言葉のセンスがいいねぇ〜！
学園長のそのセンス、どうやねん…。
さすがコトハ、勉強になるわ！
スマートなあいさつメモっとこ…
MEMO
キラリの今日のヘアセットもとっても素敵よ！
ほんと？うれしい
うっとり
ほんと、みなさん、いいセンスしてるざます〜

このように、我が学園は自分のセンスを育て、
おたがいに高め合える学びの場なんざます！
ウフフフフ…
バッ!!
メンバーしょうかい、いくざますよ！
言葉の表現が豊かな
コトハ！
工夫の達人
クフミ！
身のこなしが美しい
コナスン！
ファッションセンスがピカイチ
キラリーン☆
キラリ！
空気を読ませたら天下一品
ニコ
ニコ
ヨミス！
小説

んも〜〜！みなさんのセンスにはほんと感激しちゃうざます。
感動でなみだが…
このセンスアップ学園でもっともっと素敵になりましょうね！
フンッ
な———にがセンスだよ…。
だせーでやんの。
!!??
ジャーン
な、な、
なななななな
プルプル
何を言っているざますー!!
ここがどういう学園なのかわかっておいでなのかしら！
ガミガミ
うるさっ!!

落ち着いてくれたまえ。
ポ
ゼェゼェ…。
学園長…。
きみがチョイス君だね。
…ハンッ。
チョイス君は今日からこの学園で共にセンスを学ぶ、新しい仲間じゃよ！
パンパカパーン！
…。
えー!!
ま、まぁ…。そうだったのね…！
チョイス君はどんなセンスの持ち主なのかしら？
センス、センスってなんなんだよ。
くる…
オレは…センスなんて信じないぜ！

な、な、な…。
フラ…
わーっ
先生しっかり!!
…と言いつつ、その制服の着こなし方…。
ゴクリ
かなりのセンスの持ち主とお見受けしたわ…!
ご両親が期待していることだし、
ぜひきみもセンスをみがいて…。
顔が近い!!
いや、だからー。
ガシ
センスをみがいてどうにかなるってわけ?
つれないのう…
親に無理矢理入れられただけだし!
ガスッ
いて
なんなの、この子は…!?
失礼しちゃうざます――!

ギャーギャー
…
秘技…！
ペットン・スコープ!!
カッ
チョイス・シボレー
年齢 11歳
あ～もうほっといてくれよ!!
センスののびしろ
無限大 ∞
…意識を変えればきっと化ける！
よし、これもいい機会じゃ！
パンッ
センスについてもう一度、みんなで考え直してみようや！
ワシプロデュースで歓迎会やるぞ～
センス
祝・入学
今日の主役
もうつかれた…
その学園長のセンスがどないやねん!!

1章

センスってなんだ？

センスって生まれ持ったもの？

チョイスが考えたセンスの持ち主

人気まん才師

言葉のセンスってみがけるものなの？

プロ野球選手

バッティングセンス，とかよく言うじゃん。

歌手

音感も生まれ持ってのセンスってやつ？

モデル

ファッションなんて，まさにセンス！

言ってることわかるざますよ…
だけどね、チョイス君…。
うん
うん
センスとは特別な人の、特別な才能のことだけをいうわけじゃないの!
えぇっ…。
…だけど、オレにはセンスなんて全くないぜ…。
いたって平凡で…
いいえ!
いいこと?
センスがない人なんて、いないのよ。
そう!! あなたには、あなたのセンスがあるのです!
一緒に育てていきましょう!!
は、はあ…
ガシッ
ガラッ

ペットンのまとめ

ズバリ！
センスは**だれもがみんな**
もっているものなのサ！

プロ野球選手の場合

センスが高まる

センスはあるけど打てない

いい方法に気付く！

研究する

センスは**のばすことができる**
ものなんだネ！

センスは人それぞれ

オレのセンスって…。
何?
うーん
うーん
あーら、
自分のセンスに
気付いてないのね。
ヒョコ
その、
そ・で!
んが?
これが!?
これはただ、
あちーからで…。
いーーーえ!
そでをまくる
ときのはば、
まくり方
タイミング、
着くずし方…。
オシャレ
すべてが
あなたのセンスで
できているのよ!
ナイス
センス!!
キラリーン
なんか大げさだな…。

センス先生が教える「センス」

センスとは…

「選ぶ」「判断する」力のこと！

どっちのほうがかっこよくて，快適か，
実は頭の中でささっと「選び」，「判断した」っていうこと！

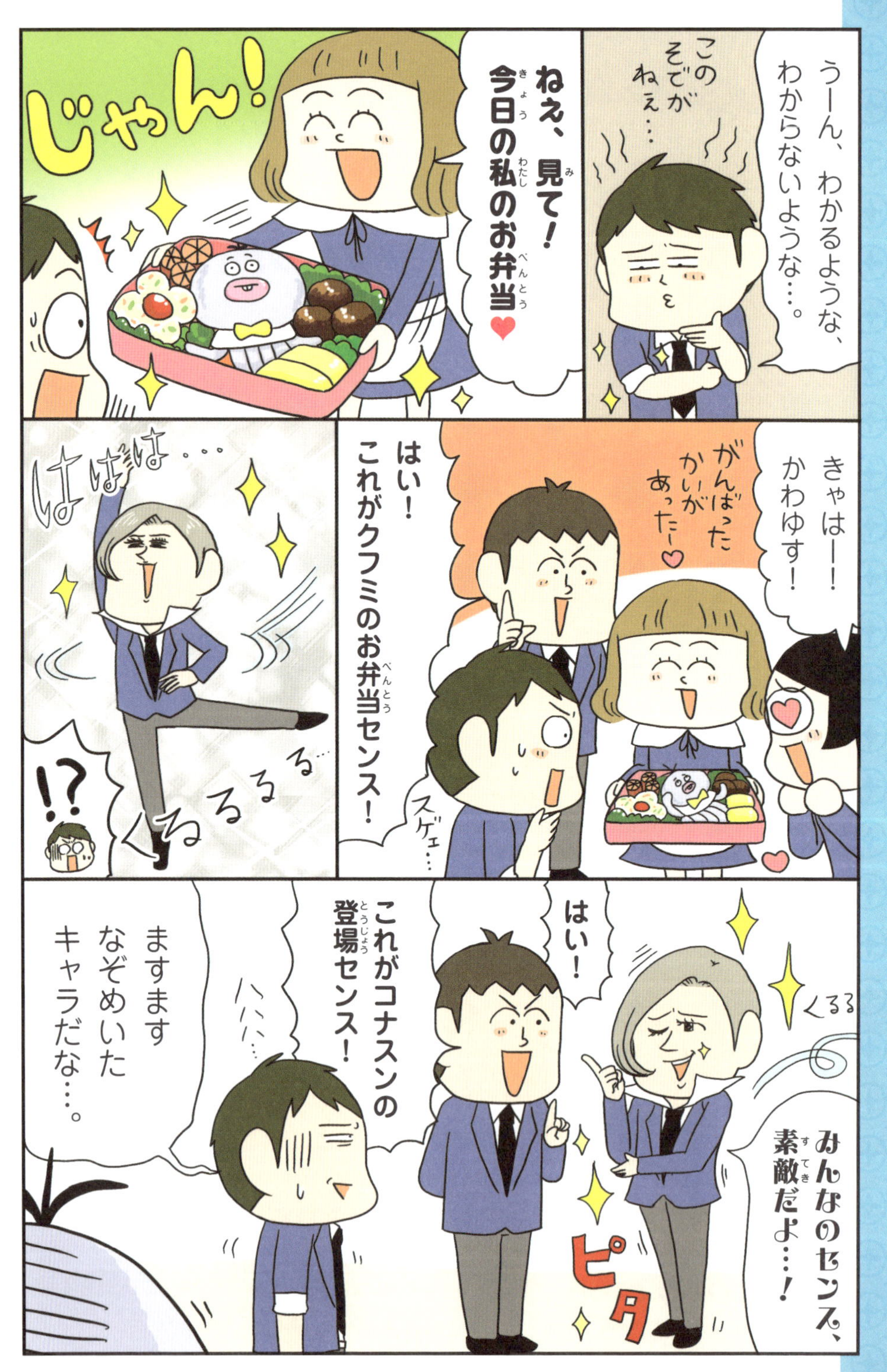
うーん、わかるようなわからないようなな…。
このそでがねぇ…
ねぇ、見て！今日の私のお弁当❤
じゃん！
きゃはー！かわゆす！
がんばったかいがあったー❤
はい！これがクフミのお弁当センス！
スゲェ…
ははは…
くねるるる…
!?
はい！
これがコナスンの登場センス！
くるる
ピタ
みんなのセンス、素敵だよ…！
ますますなぞめいたキャラだな…。

ペットンのまとめ

ズバリ！
センスに決まりはない！

チョイスのセンス，コトハのセンス，ヨミスのセンス，コナスンのセンス…。それぞれの個性や，「好きなこと」が発揮されれば，それが「センス」になる！

受け入れてもらえたり，結果につながったりすると「自信」になる！

もっとそのセンスをみがこうと思う！

センスって役(やく)に立(た)つの？

スポンジにクリームでケーキっしょ〜！
ケーキ作り、ナメてるわね…！
ポン
ニコ…
ペットン…!!
ここは私が…。
ケーキ作ったのお〜♥
チョイス君に食べてほしいな〜
ぶりぶり
お、おう…。
どうぞ。
デ〜ン
スポンジ
クリーム
みかん
ダンボールのテーブル
新聞紙のテーブルクロス
なんじゃ、こりゃー！
あっちのほうが、いい！
ビッ
あ！それじゃないかなぁ。
え？
うんうん!!

センスは役に立つ

人前は苦手なクフミでも…

人見知りだったクフミでも…

自分のセンスを生かせば，困ったときに解決できたり，いろんなことをもっと楽しめたりするきっかけになるんだ！

センスを生かせばいろんなことを楽しめるようになる！
なんとなく、わかったかの…？
んー。なんとなく…。
例えば食べ方でも、
スチャ
こう食べるよりぃ…！
ガッ
ガッ
このほうが、ステキ♥
ん〜おいしー♥
ま、まぁ…。
センスは人生のエッセンスじゃよ！
ん…？
ごちそうさま
あー！ケーキ食われてるー！
オレのー!!!
…半分コしよ！
からっ

いろんなセンスを見てみよう

工夫のセンス

●工夫が好き　●もっとよくなる方法をいろいろ考える

言葉のセンス

●本を読んで表現や言葉を知っている　●よい言い回しを覚えている

アイデアのセンス

●新しいことを考えるのが好き　●考えたことを試す行動力がある

センスってどんなもの

運動のセンス

●練習を繰り返し，思い通りに体を動かせる　●難しい技を決められる

ファッションやデザインのセンス

●自分の理想をもっていろいろ試す　●流行に敏感で新しい情報に詳しい

コミュニケーションのセンス

●相手の気持ちに寄りそって話す　●話題が豊富で，楽しく話せる

？人生はどう変わる？

工夫のセンス

例えば…➡心地よい暮らし，スムーズな生活ができる

言葉のセンス

例えば…➡美しい言葉や文化を味わえる

アイデアのセンス

例えば…➡新しい商品作りやサービス向上につながる

センスがあると，暮らし

運動のセンス

例えば…➡スポーツで活躍したり，スマートな身のこなしができる

ファッションやデザインのセンス

例えば…➡新しいデザインやブームを作れる

コミュニケーションのセンス

例えば…➡友好的な人間関係を築ける

センスは「目立つ」ことじゃない

明日は、お茶会ざます。
みなさんのセェ〜ンス!!楽しみにしているざます!
わくわく
あの服で…。ヘアセットは…。
ず〜ん…
どぉ〜しよう!
お茶会当日ー
じゃーん!
おぉーーー!
素晴らしいセンスざます!
とっても似合ってるざます
ありがとうございます
あ、コトハちゃんとクフミちゃんも来たかな?
どうぞ!
ガチャ

ドーン
ブーッ
!?
コナスン
バターン
どーして…
そうなった…?
ハア
ハア…
パーティー
だから!
キリッ!!
ネコがはやってるの!!
ナンセーンス!
ピピーッ!
コナスン
しっかりー!!
う〜ん
う〜ん
ええっ!?
目立つのに…。
ネ〜〜
はやってる
のにね…。
ノンノン!!

目立つことがセンスじゃない！

基本的なこと，普通のことにセンスは光るざますよ！

ネコはかわいいけど…
お茶会だよ？

シンプルで清潔，
お茶会にふさわしい！

派手で目立つけど，
お茶会に向いてない。

その場にふさわしいものを選ぶのもセンス！

あれこれ足すのが大事じゃないざます。
着替えてきまーす！
はずかしいっ
キラリ、助けて〜！
わ〜っ
もちろん！
そして——
エヘヘ…
おお〜っ!!
とっても似合ってる！
いいじゃん！
どうぞ。
サッ
ありがとう。
ん？
では始めましょうか
ありがとー！
もじもじ…
ほめられ待ち
似合ってるよ！
お前もやるな
ポッ

センスとは「自分らしさ」

キラリのセンスがうらやましいわ…。
はぁ…
おしゃれはよくわからなくて…
ぼくもだよ。
なんだよー。
ため息ついちゃって…
コトハはやぼったいところがいいところだよ！
やぼったい
言い方…！
バチーン
ギャー!!
だっさい手形が、ついとるのぉ。
はげましただけなのに…
ほっといて…。
実は…。
フムフム、なるほどなぁ。

センスとは、自分らしさじゃよ。
例えば、ホレ…。
ニコ
ニコ
ビシ!!
サッ!!
らしくないわ…。
ヨミス君のイメージが…
あのえりはコナスンだからこそだな…
コナスンが普通のポーズ…!?
じゃろ。
だけど、姿勢がいいチョイスはかっこいいね!
コナスン君だわ!
ぬぐえないコナスン感!
これがコナスンらしさじゃな。

ペットンのまとめ

センスの根っこにあるのは、

自分らしさなんだ！

いろんなセンスがあるんだね！

そーゆーこと！

さっき言いたかったのはコレ!!

私らしさ、か…。

センスは自分らしさからにじみ出るものなんじゃよ。

あのキラリちゃんの髪形、コトハちゃんにも似合うと思うなぁ。
ホント？
キラリーー！教えてーー！
ん？
こーしてあーして
ふむふむ
かがみ
お！
…
じーー…
どうしたんじゃ？
オレの自分らしさって何だろう…？
自分で考えんしゃい！
ハーッハッハ
服のセンスがないのが、学園長らしさだよな…。
ぼそっ
どこにあんな模様の売ってんだ…？
しっ!!

いろんなセンスがあっていいのか…。
なるほどな…
うふふ…
わかってきたざますね。
なんだって、できたほうが楽しいし!
くるるるる…
!?
小さなちがいに気付けたほうが…!
毎日が、楽しくなるというものさ!
お、おう…。
なにコレ…
ラ ラ ラララー

ペットンのまとめ

センスをよくするには，
「観察して，考えること」が
基本なんだ！

どんなことでも同じ！
小さなちがいに気付いて，
自分の好みを深める！
そうするとセンスが
みがかれるんダ――――！

ま、オレぱちがいに気付ける繊細さはあるけど…。
ぶっちゃけ…。
リボンなんてホントはどっちでもいいんだよぉお！
興味ナシ!!
リボン一つでその日のテンションが変わってくるのよ!!
ええ、それで。いいのよ、
みんながみんな、同じことに興味がなくてもいいの。
なんだいいのか
ホッ
キラッ
そういや、今日はそでをまくってないな…。
ん？
チョイスの、そのボタン！
じゃん
ああ、これ…。かっこいいだろ。
へへへ…
お気に入りだぜ

そういうチョイスらしいこだわりこそ、人生が楽しくなるエッセンスなんだね！
ふーんこれがねえ…
ぐぬぬ…
なんだかくやしいわ…。ファッションセンスといえば私だったのに…！
それ大事！ライバルがいることでセンスはもっとみがかれていくのよ！
ライバル…!!
負けないわよ…！
あつっ!!あっつ!!
メラッ
ほっほっほっ！みんな研究に熱心で結構、けっこう、コケコッコー！
な〜んちって
決闘よ!!
のぞむところよ
ゴゴゴ
学園長…
だ、大丈夫かなぁ…。
ハラハラ

なかなかやるわね。
ゼェゼェ
いったん休もうぜ。
ハァハァ
お水どうぞ!!
ありがとう!!
落ち着いたようで、ほっとしたよ。
ぐびりっ
…!? あれ? レモンのかおり…。
さわやか～
キリリと冷えていて、スカッとしたわ!
よかったよかった
なごやか～
ヨミス君、さすがね。

センスってちょっとした「ちがい」

けんかをしてアツくなった二人(ふたり)に，
さりげなく“キリリと冷(ひ)えたレモン水(すい)”を差(さ)し出(だ)す気(き)づかい。
このちょっとした「ちがい」，わかるかな？

A ぬるい普通(ふつう)の水(みず)

B キリリと冷(ひ)えたレモン水(すい)

気分(きぶん)が切(き)りかわってナイス！

センスのよさは，
このちょっとした
「ちがい」に表(あらわ)れる
ざます！

とはいえ、ぼくだってそんな気づかい、すぐにできるようになったわけじゃないんだ。
いい天気～
ボ～…
お客様
ヨミス君！お客様に飲み物をお願い～！
お～い
学園長のお客様に気付かないで、飲み物を出し忘れたり…。
どうぞ
今日は暑いし、炭酸ジュースの気分ですよね？
ワシは炭酸、飲めないの！
ノー NO!!
相手の苦手な飲み物を出しちゃったり…。
たくさん失敗したよ…
学園長、炭酸飲めないのか…。
それでもっと努力しなきゃなってチャレンジして、今にたどりついたのさ。
おかげで自信ついたよー!!
チャレンジ…か…！

ペットンのまとめ

センスのいい人は，どんどんチャレンジしているよ！

お笑い芸人

新しい笑いを作ろうと
チャレンジ！

プロ野球選手

地道な練習で，新たな打法に
チャレンジ！

モデル

素敵に見られるように
チャレンジ！

歌手

練習をたくさんして，
歌唱力向上に**チャレンジ！**

センスはチャレンジのくり返しでみがかれるものなんだね！

ヒュオオオオォォ…
自分らしさの話だが…。
いまいちわからん！
フッ…。まだまだだよのぅ。
むっ。
そこじゃっ！
おっと…
ぐにゃあ〜
なんて優雅に…！
学園長、ご機嫌うるわしゅう…。
ペコり〜
こんなときも言葉づかい完璧！
…と、こういうことじゃ。
ますますわからん！

「自分あるある」を友だちに聞いてみよう

きみの個性，「自分らしさ」は，友だちに「自分あるある」を聞くといいんじゃよ。

コトハあるある

仲のいい友だちだからこその，**「コトハあるある」**じゃな。

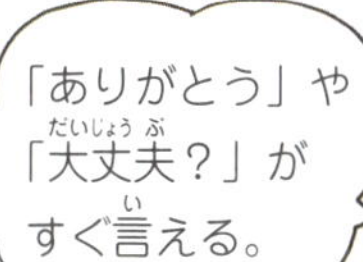

クフミあるある

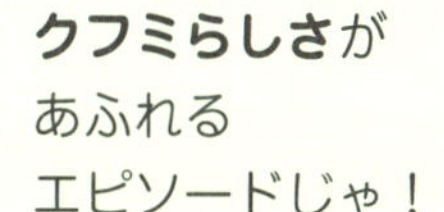

クフミらしさがあふれるエピソードじゃ！

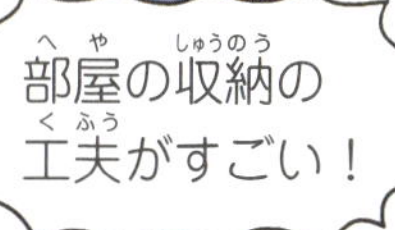

コナスンあるある

コナスンのセンス，そのものじゃ！

自分あるあるぅう♥
きゃぴっ♥
…を育てると、センスの花がさくんじゃよ。
1コマ目はなんだったんだ…
お、おう…。
オレあるある…。オレらしいこと…。オレらしさ…。
み、みんな…!!
チョイスのあるあるは、「ちょいワルい」感じだね!
かっこつけてる感じ?
そのワルさがいい感じ!
う〜んう〜ん…
そうか…よし!
夜露死苦!!
もっとワルになるぜぃ!
ガミガミ
!?
あの顔もチョイスあるある…。

ペットンのまとめ

自分らしさを見つけるには，友だちに聞いたり，自分をふり返ったりしてみよう！

「自分らしさ」を見つけよう！

好きなもの

夢中になっていることは？

- なわとび
- 昆虫採集
- ファッション　など。

得意なこと

人にほめられることは？

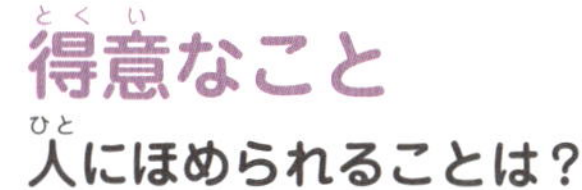

- 絵を描くこと
- 理科の観察
- 人を笑わせる　など。

自分の好きを極めて，センスの花をさかせましょう～！

ペットンのひ・み・つ

不思議な宇宙生命体・ペットンの，気になるひみつを教えるよ。

センスにくわしく，その知識は学園一といううわさ。

人のセンスを見抜く「ペットン・スコープ」が使える。

ツヤツヤの皮膚はセンス先生のお墨付き。

プルプルのくちびるがチャームポイント。

学園長とおそろいのリボン♥

足はヌメヌメしている。歩くほか，うかんだり飛んだりも可能。

最終形態があるらしい…。

学園のりょうでセンス先生と暮らしている。

学園の生徒たちと仲がいい。

2章

素敵なセンスを見てみよう

いいところをまねしよう

キラリが心がけていること

例えば，
街で見かける人たちは，
最高の教科書なのよ。

素敵！ と思う着こなしは，すぐにまねをして取り入れるの。どのジャンルでも，よいお手本は大切！

もちろん，“私ならこうする”というアレンジも大切よ！ それが自分らしさになっていくの。

ちょっぴりイマイチだと思う人もチェック。どんな人にもあるいいところを見つける練習にもなるの。

今日のリュックだって実は、センス先生のまねなのよ！
そうなの!?
ああ見えて、着物や和柄が大好きなんだって！
るるんる〜ん♪
センス先生、なかなかやるじゃん！
どんな人にもどんなものにも、いいところってあるの。それを読み取るわけ！
やってみてね！
そっかー。
おおっ
てくてく
じっ…
いいところ…
ヤダ…わし見つめられてる…？
ドキ…！
う〜ん…
いいところが見当たらないな…。
ズコー

ペットンのまとめ

周囲の人やものを観察して，
いいところを見つけてみよう！
それがきみの感性につながるんだ！

ふだん使っているものの優れているところを見つけよう

何気なく使っているコップだけど，実は軽くて飲みやすい！

周りの人のいいところを挙げてみよう

授業中は厳しいセンス先生，休み時間になると優しくて話しやすい！

だれかや何かの
“いいところ”を見つける力は，
センスをみがく第一歩ダ——！

くいっ
今日はテーブルマナーを学ぶ給食の日ざます。
みなさんのマナーセンスを見せてくださいね。
いただきまーす！
わぁ！
んん…？
つるーん
そのニンジン、活きがいいね！
とれたてだ〜!!
ぷっ
エヘヘ…
コトハ、ナイスフォロー！
さすが！
いやいや
ありがとう！コトハの言葉のセンスに助けられたわ！
うふふ…

私、コトハ。みんなから「言葉のセンスがあるね!」ってよくほめられるの。
どこかしら〜
私は言葉に興味があって、いつも素敵な言葉を探しているんだ。
言葉づかいのお手本は、実はママ!
ポン!
私は言葉の魔術師よ〜♪
あっ!!
そのおにぎり、生きてるわね!
ふふっ
ポロッ
ママの一言でみんなが笑顔になるのよ。
ぷっ
あははははは
それに、ママはとってもほめ上手。
素敵なワンピース!
まるで海のよう、こちらの気分もすっかりハワイだわ!

注意するときにもユーモアがあるの。
あっ!! ほんとだ
あらら、くつがダンスしているわ。舞踏会はおしまいよ。ほら、持ち場にもどって!
ばら ばら
相手に合わせた話し方もお手のもの。
病院に行きたいんじゃが…
ゆっくり〜
この道をまっすぐ行かれると、右手に白い病院があります!
ありがとう
そんなママが教えてくれた言葉のセンスをみがく秘訣は、
本を読んでいろいろな言葉や言い回しを知ること。
歳時記
小説
そして、言葉の伝え方も大切なんだって!
印象が
いいのはどっちかしら?
ボソボソ
おはよぉ…
おはよう!!
こっち!!
だから私、読書と話し方を大事にしてるんだ。

ペットンのまとめ

言葉のセンスがある人って，どんな人？

言いづらいこともユーモアを交えてうまく伝えられる。

相手を笑顔にさせ，気持ちよくさせることができる。

気持ちのよいあいさつができる。

相手の状況に合わせた話し方ができる。

言葉のセンスをみがくには？

- たくさんの言葉や表現を知ろう！　本は言葉の宝庫だよ。
- いろいろな人と話してみよう。さわやかなあいさつが基本だよ！

センスよく食べよう

スッ
スッ
くそー!
全然切れない…!
ギコ
ギコ
パク

このステーキソースにはラズベリーと黒コショウも合いそうだ。
優雅~
も~
ゼェゼェ…
コナスン、さすがだな…。オレにはないセンスだよ。

ノン! そんなことないさ!
残さずきれいにおいしく食べることも食事のセンス!

きみにだってあるセンスさ!
肉すら切れないんだけど…?
そーなのー?
ベロ~ン

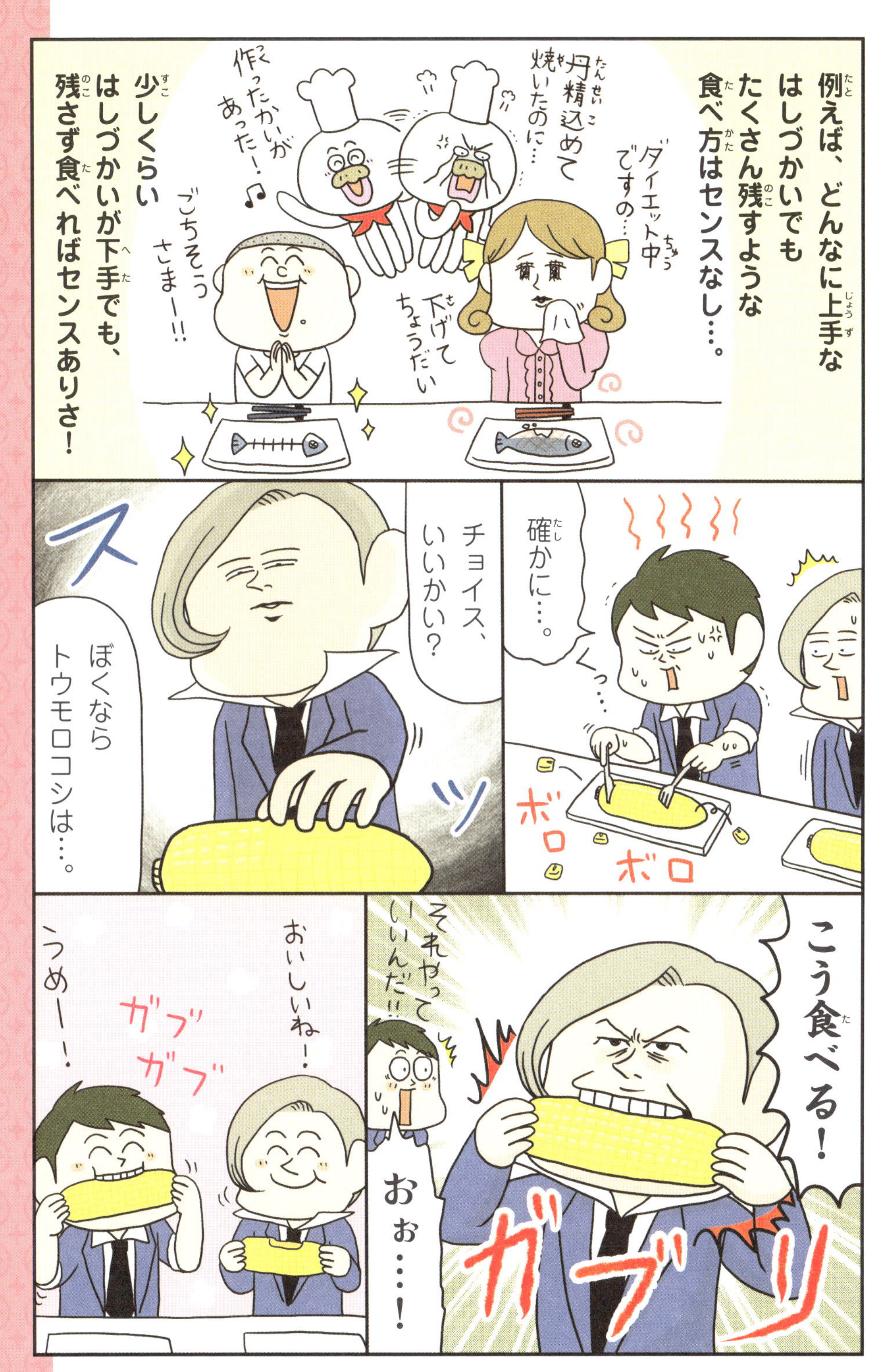
例えば、どんなに上手な
はしづかいでも
たくさん残すような
食べ方はセンスなし…。
ダイエット中ですの…
下げてちょうだい
丹精込めて焼いたのに…
作ったかいがあった！♪
ごちそうさまー!!
少しくらい
はしづかいが下手でも、
残さず食べればセンスありさ！
確かに…。
くっ…
ボロ
ボロ
チョイス、いいかい？
ス
ツ
ぼくならトウモロコシは…。
こう食べる！
ガブリ
それやっていいんだ!!
おぉ…！
おいしいね！
ガブ
ガブ
うめー！

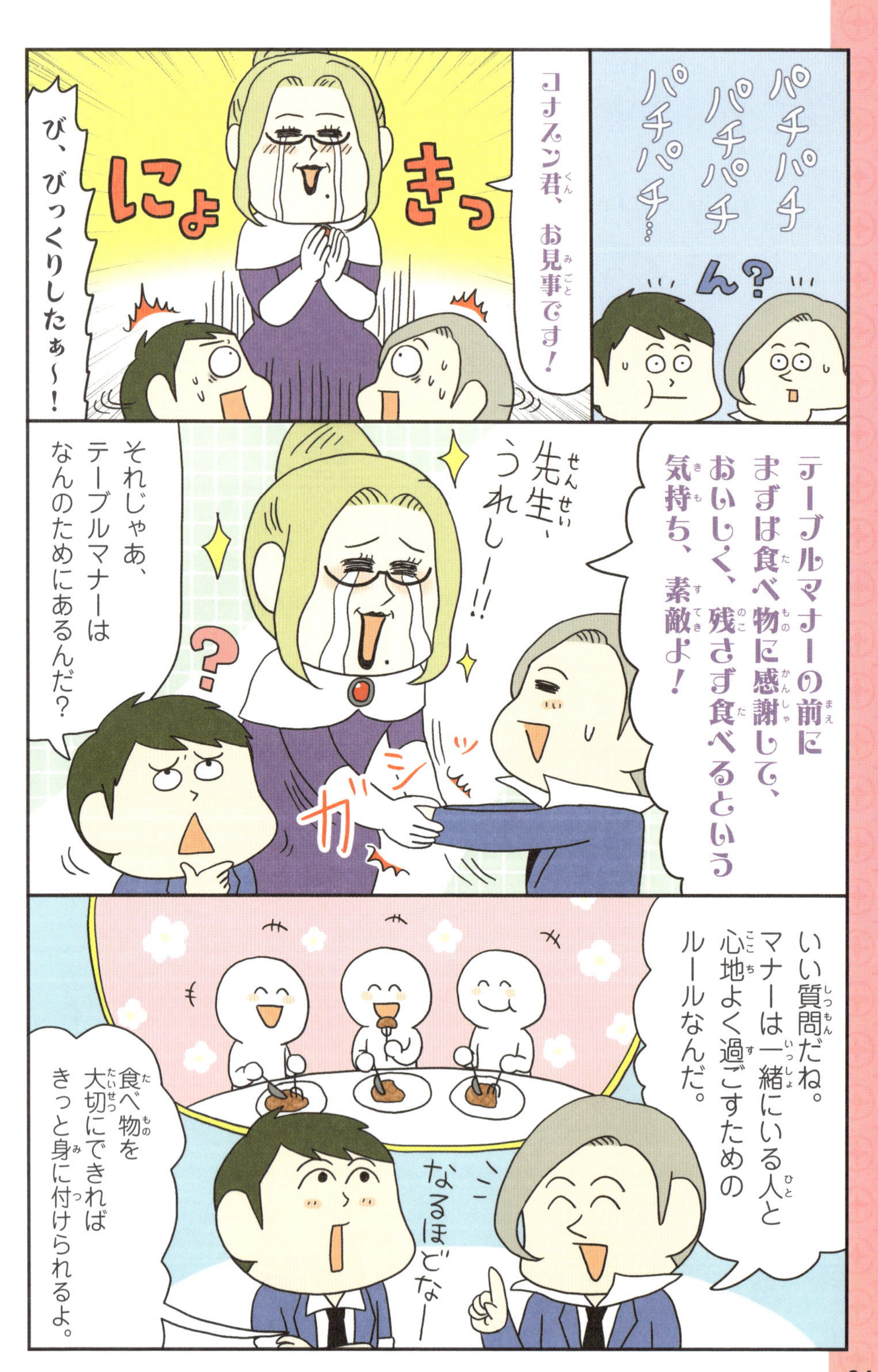

パチパチ
パチパチ
パチパチ…
ん？
コナスン君、お見事です！
にょきっ
び、びっくりしたぁ～！
テーブルマナーの前に
まずは食べ物に感謝して、
おいしく、残さず食べるという
気持ち、素敵よ！
先生、
うれし～!!
ガシッ
それじゃあ、
テーブルマナーは
なんのためにあるんだ？
いい質問だね。
マナーは一緒にいる人と
心地よく過ごすための
ルールなんだ。
なるほどな～
食べ物を
大切にできれば
きっと身に付けられるよ。

ペットンのまとめ

食事センスの第一歩を極めよう！

残さず，きれいに食べよう。
おいしそうに食べる姿も◎！

食材や料理をしてくれた人に
感謝をしていただこう！

メニューに合わせて食べると，もっとずっとおいしいよ！

ハンバーガーは
大きな口でガブリ！

そばは
豪快にズズッ！

高級レストランでは
テーブルマナーをきっちりと。

ゴソ
えーっと、ものさしはどこだ？
えぇい!!
男はだまってフリーハンドよ!!
シャーッ!!
よかったら、使って。
線ぐにゃぐにゃ…
へへ…
サッ
あ、ありがとう。ついでに消しゴムも…。
いいよ～。
ひょいっ
サッ
なにそれ!?
あれ？ チョイスはまだ作ってないんだ。
便利だし作ろー!!
この学園では、新学期に机の引き出しを手作りするんだよ。
へぇー
バッ
きみのセンスでチャレンジだぁ！

私の場合、ティッシュの空き箱にひもで取っ手をつけて引き出しにしたの。
空き箱が…
ティッシュ
引き出しに!!
ぼくのはお菓子の空き箱だよ〜。
クッキー
好きな折り紙やシールをはったら、オリジナル感が出せるよ！
シール
私はパッチワーク風♪
センスが光るぜ！
メタリック!!
ドキーン
オ、オ、オリジナルゥ〜…！
オリジナルという言葉に弱い
大好きな感覚超人センスAンジャーのシールをはって
センスAンジャー
エーじゃろ?
オレだけの引き出しを作りたぁいいい！
ハフ
ハフ
よし！さっそく作るぜ！
チョイスってこんな人だっけ…?
ど、どうぞ…。
ウキ♪
ウキ♪
ティッシュ

できた！
パンパカパーン！
センスエーんか…？
パチパチ…
さっそく小物を入れてっと。
あっ
バラバラ
CHOICE
小さい箱
じゃーん！
間仕切り
もうひと工夫!!
箱の中にさらに小さい箱を入れたり、間仕切りをつければもっときれいに整頓できるよ。
で、文房具のサイズやよく使うかどうかでグループ分けをして置き場所を決めておけば、ぐちゃぐちゃにならないよ！
私はこんな感じ！
おおお…！
なるほどなー!!
さすがクフミちゃん！センスあるーー！

ペットンのまとめ

生活の中で不便や苦手を感じたら，解決方法を考えてみよう！
そこにきみのセンスが表れるぞ。

机の上がものであふれているなら，
ものの居場所を決めてみよう！

掃除が苦手なら，
毎日，朝５分だけ掃除をしよう！

一度で解決できなくても，何度も考え直したり，やり直してＯＫ！
そうするうちに生活センスが向上するぞ！

センスのいいものの選び方

チョイスが考えたお菓子選びの条件

1 相手が好きなもの

好きなものをもらえたほうがうれしいよな。

2 目新しいもの

だれだって話題のものはウキウキさ！

3 手軽で食べやすいもの

食べにくかったり賞味期限が短いものはガッカリ…。

あ、これいいじゃん！
だんご
ナンセンス王国名産プイモ ＆ わが国名産センス米 を使ったおだんごです。
じゃじゃーん!!
両方の国の名産が一つになっていて、面白い！
そしてーー
ごぶさたしておりま〜す!!
これはうちの生徒がお茶菓子にと選んだプイモとセンス米のおだんごです。
どうぞ〜
Oh!
ありがとうございます〜！さっそくいただきまーす！
デリシャース♪
プイモがこんなにおいしいお菓子になるとは素晴らしいセンスですね！
感激!!
おーこりゃいけますなぁ！
プ〜
ん？

ペットンのまとめ

だれかへのプレゼントはその人のセンスが出やすいよ！　相手のことを思いやる心を大切にしよう！　食べ物以外でも同じだよ。

人と素敵に関わろう

牧場へ遠足の日――
ガタン ゴトン…
きゃははははっ！
キラリちゃん、し――っ。
ほら。
あっ、ごめん。
zzz
プシュー…
あっ
どうぞ！
サッ！
あらあら、ありがとうねぇ。

着いたーっ！
モーモー牧場
わい
わい
みなさん、ようこそ！
楽しんでいってね！
ポロッ
こんにちはー！
どうぞ！
ありがとう！
サッ！
自由時間
牛ってでっかい！
ん？
ふ〜…
モォオ〜
大丈夫、コトハちゃん？
ちょっとくつずれしちゃって…。
大丈夫、大丈夫！
ばんそうこうあるよ！
無理しないで！
ばんそうこう
サッ！
あ、ありがとう…！

ヨミスって、よく気が付くよね！あちこちに目がついてるみたい！
スゴーイ
それ、ほめてないぞ…。
デーーン
ゾリ
それを言うなら、まるでサッカーのスター選手だよ！
人の動きや全体の空気をすばやく読むセンスが抜群さ！
テレテレ
いやぁ、そんな…。大したことじゃないよ。
…あ！
ンモ〜
モォ〜
モォオォ
おなかがすいているんだね。エサをあげてもらわなくちゃ！
牛の気持ちまでわかっちゃうの!?
どうだかね〜。
ねむい〜。
鼻がかゆい〜。
散歩がしたいのよ〜。
マ〜ベ
ススッ!!
モォオオオオオ
タタタタタ…

ヨミスが心がけていること

人との関わり方や空気の読み方がうまい

ヨミスの心がけはコレ！

1 周りの様子をいつもチェック

目と耳をフル稼働させて，周りの様子をチェック。そうすると，人の動きや表情にいつもと違うところがないか気付けるよ。

2 相手の気持ちを推理

友だちの表情や様子，声のトーンから“本当の気持ち”を感じ取ろう。そのためにはふだんから友だちのことをよく知っておく必要があるね。

3 自分ならどうしてほしい？

相手が望んでいることは何かを考えてみよう。基準は，「自分ならどうしてほしいか，どうしたいか」。優しい気持ちも大切だね。

素敵さを相手に伝えよう！

いらっしゃい…。
うっ
ぬ
ヒイッ
えっと…コウモリパンは…。
こっち…。
…あら？もしかしてハロウィーンのコウモリ？
じゃーん
コウモリパン120円
魔女パン130円
かわいいー！
ハロウィーンをテーマにしたパンの店を始めたんだけど、いまいちだったかなぁ。
しょんぼり…
一年中ハロウィーンなんて、逆に面白いじゃん！
きらり〜ん
それなら、もっといいアピール、お客さんにできそうだわ！

まずは、その服！
もっとキレイでおしゃれにしましょ！
ビシィ!!
ビクゥ!!
お店のロゴ、刺しゅうしますよ！
「コウモリパン」より「ハッピーハロウィーンパン」のほうがかわいくない？名前だけ変えるの。
ハッピーハロウィーンパン 120円
た、確かに！
魔女パンにもリボンをつけてかわいくしたり…。
まつ毛もいいかも
い、いいね！
こんなパンなんてどうかな？
ラブリ〜パン
180円
……。
スルー…
わいわい

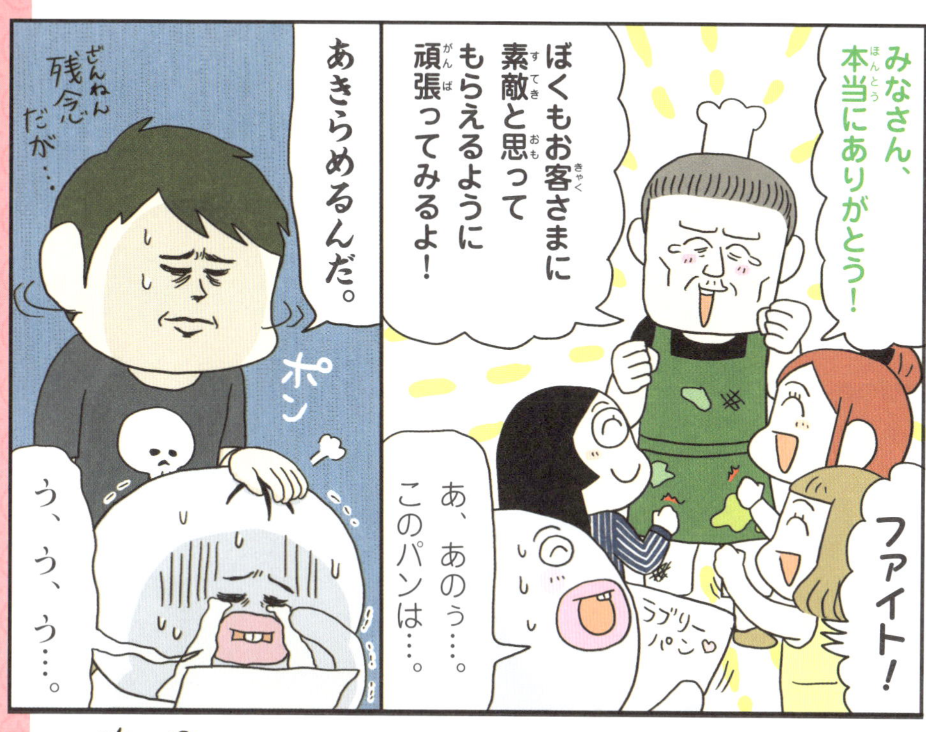

ペットンのまとめ

自分らしいセンスでアイデアを思い付いたら，その素敵さを**相手に届くように伝えたいよね！**

相手への見え方や感じ方を考えてみよう。そうすると工夫の仕方がわかってくるよ。

コトハの素敵な言い回しでセンスアップ！

スタート

感じのいい言い方の方へ進もう！

遊びのさそいを断るとき…。

1 遊べない！

2 せっかくなんだけど予定があるの。また今度ね！

センスアップ！

さわいでいる子に注意したいとき…。

1 声のボリューム，ちょっと下がるかな？

2 うるさい！　だまって！

友情にヒビ！

センスアップ！

約束をやぶられた，その悲しい気持ちを伝えたいとき…。

1 ショック。悲しいな。

2 どうして忘れるの？　ひどい！

ゴール

ミラクルセンスアーップ！

3章

もっと センスアップする ためには

センスのもとは知識だっ！

今日は、全宇宙交通安全ポスターをかくざます！

ほかの星のみなさん

ペットンのふるさとをはじめ、ほかの星では言葉が通じないの。

チョイスの色に関する知識

知っているからこそ，ちょうどいいところで使えるんだね！

色にもイメージがあるのね！
なるほどー!!
そういう知識があればあるほど、センスのいいものができるざーます。
さぁ、みなさんも人に伝わるハイセンスなポスターをかくざます！
ハァ
ハァ
完成…☆
ぼくのポスター、見ておくれよ。
情熱の赤でまとめてみたんだ！
ドーン
またワシをネタにしてるし！
私のは、こんなふう♥
見て見て～
ぜはーぜはー…
交通安全、どこいったんや！

ペットンのまとめ

センスアップには，
知識(ちしき)が必要不可欠(ひつようふかけつ)なんだ！

知識(ちしき)がないと…

印象(いんしょう)に残(のこ)らない絵(え)しかかけない。

知識(ちしき)があると…

黄色(きいろ)と黒(くろ)で注意喚起(ちゅういかんき)ができる。

本物を見て、

体験しよう

よおおし！色に興味が出たところで、いろんな色を探しに山へ行くぞい！
え――？
調べればいいじゃん。
スマホ
ぐぐっとサーチ
自然画像
ネット、便利だぜ？
ササ
サッ
ほら。便利ぃ！
たくさん画像出てきた
検索結果
はぁ～。わかっとらんのぅ。
センスアップに必要なのはコレ！
質のよい情報の集め方
本物を見る
体験する
人から話を聞く
どーん!!
いいから行くぞ！
面倒くさ～。
いってらっしゃいざます～
ズルズル…

おおおお！
これが自然の色！
キラ
キラ
木の緑にもいろんな種類があるんだね。
おや…、空の色が少しずつ変わってきているみたいだ。
このかおり…。きれいな花が近くにありそう…。
いいかおり〜
あった！
キレイ〜!!
この葉っぱ、表がツルツル、裏がザラザラだ！
ネットで見てもここまでわかんなかった！
ガサ
ガサ
ギャーッ!!
よしよし!!

あ〜、面白かった！
ネットで見るのと大ちがいだったね。
実際に見るとけっこう感動しちゃった！
そうじゃろ〜。
インターネットの情報だけじゃ知識ではない！
経験こそ、知識になるんじゃよ。
グッ
いいこと言うなぁ。
ピタ
どうしました…？
わっ
…道に迷った。
どーん
え———！
どうしよう。センス先生におこられる…。
ガタガタ
すごいおびえてる…
ネットで調べればいいじゃん。
ぐぐっとMAP
あ、そうか★
ネットも便利だね。
ゲッ
方向、逆じゃん!!
おそいざますね〜。
イラ
イラ

ペットンのまとめ

よい情報で
センスアーーーップ！

本物にふれて体験しよう

実際に行ってみたら，初めてわかることもあるよ。「雪国って想像以上に寒い」とかね。

人に会って話を聞こう

くわしい人に話を聞くと，発見がいっぱい！
意外な目の付けどころに気付けることも。

インターネットで調べただけで
知った気になるのは，もったいないぞ！

正統派と流行を知ろう

さて、もうすぐ修学旅行ざます。
宇宙へ行くざます！
今日は宇宙に欠かせないものを作りますよ。
宇宙旅行かー！
わくわく
何を作るのかなぁ。
バ～ン!!
はい!!
宇宙船で使うざぶとんを作るざます!!
ズコーー
なんで宇宙船でざぶとんなんだよ！
乗り心地を重視した結果ざます。
オリジナルざぶとんを、作るざます――!!
パンッ
はい、はじめぇえええ！
ひぃいいいっ

“オリジナル”の前に…

まずは“よいとされていること”を知っておくことが大事ざます！

正統派を知ろう

みんなに愛されているものには，そのものの基本がかくされているぞ。

流行を知ろう

新素材，デザインなど，それが今はやっている理由を探ってみよう。

みんなが「いいね！」と思う正統派や流行を知ったうえで，「自分ならどうしたいか」を考えると，センスがキラリ，ざますー！

できたわ！
クフミ流♡ざぶとん
フリルで女子度アップ♡
収納ポケットたっぷり♡
座り心地はよくない♡
座り心地が悪いのは、ざぶとんとは言えないざます。
私のはどうかしら！すべて流行モノよ！
クスン…。
キラリン★ざぶとん
姿勢がよくなるモデル矯正ベルト
なんかすごい低反発スポンジ使用
最先端の宇宙柄を採用
あちゃ〜〜
あのね…。
流行だけを追うことがセンスがいい、とは限らないざます。
むしろ、もう古いとも言えますことよ…。
ガーン
古い
センスよくない
ドンマイ…
ぐおおおおおお
く、くやしい！

やっとできたー！
わ〜い!!
ででん
使ってください！
センス先生の分もみんなで作りました！
あたくしのおしりが…こんなに大きいとでも…？
ボキボキ…
カチーン

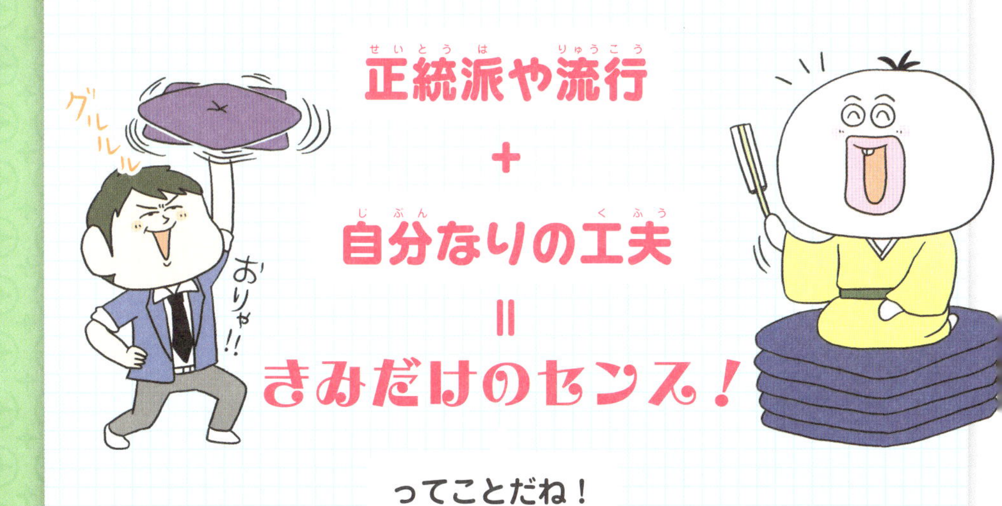
おさらいするよ
正統派や流行
+
自分なりの工夫
=
きみだけのセンス！
ってことだね！
グルルル
おりゃ!!

ちがいのわかる人になろう

ちがいや変化に気付こう

音楽を聞いているとき

ただ音楽を聞いている人と
その奥深さに気付ける人。

街を歩いているとき

ぼんやり歩いている人と
道端の小さな花に気付ける人。

ごはんを食べているとき

ただおいしく食べている人と
いつもとちがう新米のおいしさに
気付ける人。

友だちと遊ぶとき

いつもと同じ遊びをする人と
もっと面白い遊び方に
気付ける人。

どっちの人のほうが，楽しそうに見えるかな？
小さなちがいや変化に気付けるようになると，感性が高まると言われているんだよ！

よし、変化に気付くためにも道のごみを拾いながら帰ろうっと！
あたしも――！
ごみぶくろ
あれ？
ふくろ、2つ持ってんの？
ん？
ひょい
ごみは最初から分別するといいよ。
拾う・分別
ビン・カン
もえるごみ
一発OK!!
拾う
分別
ビン・カン
もえるごみ
二度手間
ちがいを意識すると、段取りよく進められるね！
そうそう。
どや!!
よーし、頑張るぞ！
ファイトー！
アッ――!!
もえるごみ

ペットンのまとめ

センスは，
ちょっとしたちがいに
表れるんだ！

ちょっとしたそでの巻き方に
センスを感じるよね！

季節に合わせたエプロンの
選び方に，ちょっとしたこ
だわりあり！

ちょっとしたちがいに気付けると，
いろんなことを学べるよ。
気付く目を養っていこう！

おススメされたらトライ！

なんでもトライしよう！

おススメされたら，なんでもトライ！

意外な自分に出会えるチャンスだよ。

旅のしおり、どこまで進んだ？
あ〜やる気出んわ〜
あとはチョイスにたのんだイラストだけ…。
チョイスの素敵なイラスト、早く見たいなぁ。
!!
よっしゃ！任せとけ！
カリカリ
カリカリ
修学旅行の日——
うおぉ
キャー
1、2、3、4、5…
みんなちゃんといるかな？
移動中——
顔色悪いよ！
なんだかつかれてる？
宇宙船によっちゃったみたいで…。
先生呼んでくるよ。
最終日——
みんな、忘れ物ない？
ハーイ!!
ガサ
ゴソ
コナスン…これ…パンツ。おふろ場にあったよ…。
こそこそ…
カァァpp…!!
ありがとう…。

おさらいするよ

おススメされたら新しい世界を知るチャンス！

思いこみはセンスアップの敵！　ススメてくれる人も，きみの何かに気付いているのかも。

↓

予想外にハマって
意外な能力や新しい自分に出会えるぞ！

↓

世界が広がる！　センスアップにつながる！

失敗をおそれない

もうすぐ運動会ざます。出る種目を決めるざます。
種目一覧配るざます〜
燃えるぜー！
なんじゃこりゃあ!!
思ってたのとちがう!!
・歩き方コンテスト
→出場クラス2名
コナスンの得意種目だよ。
出てみなよ！
姿勢悪いし練習したら？
す〜…
ニコ…
やってみよう!
いやぁ…。あれムリっしょ。
グラグラ…
ニ…ニコ…
いいじゃん！
ピキーーン
いってえええ！
背中つったアアア
だめだ！オレにはムリだ…。
チョイス〜!!
どーしたざます？
ち〜〜ん…

失敗は学びのチャンスだ！

失敗から学ぶことは，た～くさんあるざます！

失敗をおそれて何もしない，これが一番よくないざます！

失敗したって大丈夫！　なぜなら失敗した分だけ知識が付くからざます！

よぉし、やってみるか…。まずはストレッチから…。
いでで いでで
ガンバー
ペター
決めポーズ
アッ…
ゴキャ
ビシッ
ターン
なぜこんなところに机が!?
ガシャ
くるっ
頑張って!二人とも…!
ビシッ!!
ピキッ
じ〜ん
もうあなたのHPはゼロよ…。
プルプル…
いいや、それでもやってみせるぜ!

おさらいするよ

失敗をおそれず，経験や知識をどんどん身に付けていくといいゾ！
「私らしくない」「ぼくっぽくない」という考え方ももったいな――い！

番外編(ばんがいへん)

ペットンのナゾにせまる!

よし！ 夜にみんなで見に行こうぜ！
えー。やめておこうよ…。
行こう！気になるし…。
夜9時――
ギシ…
ミシ…
ここから先入っちゃダメ！
キャー！なんか音がした！
しっ
フッ
ジャー
トイレ
トイレからペットンが出てきたぞ。
は～すっきりすっきり
後をつけるぞ。
トテテテテ…
この部屋に入ったね。
のぞいてみよう。
ゴクリ…

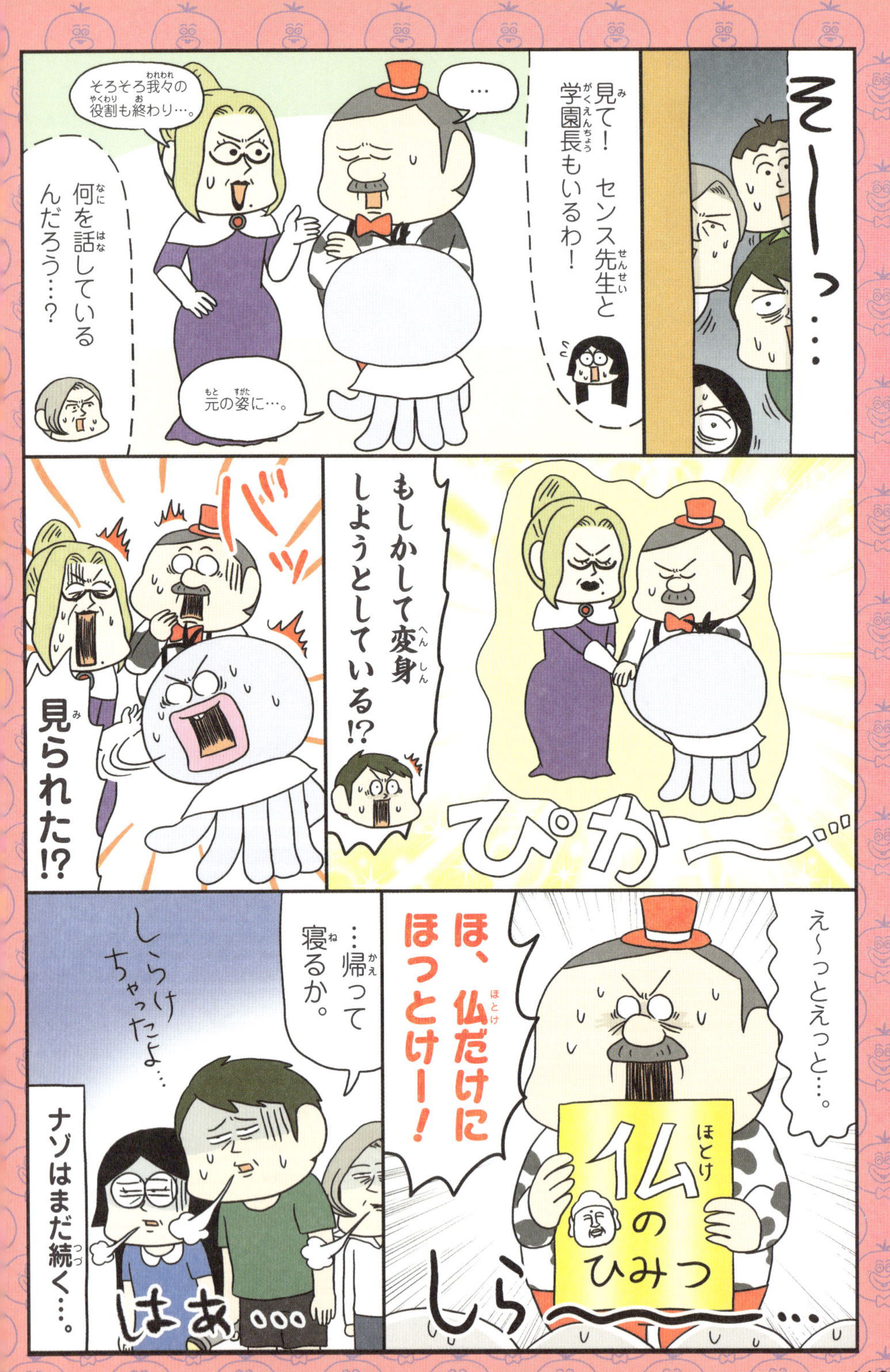
そ～～っ…
見て！ センス先生と学園長もいるわ！
…
そろそろ我々の役割も終わり…。
元の姿に…。
何を話しているんだろう…？
ぴか――…
もしかして変身しようとしている!?
バッ
見られた!?
え～っとえっと…。
ほ、ほっとけー！ 仏だけに
仏のひみつ
しら～～…
…帰って寝るか。
しらけちゃったよ…
はあ…
ナゾはまだ続く…。

4章

きみのセンスの生かし方

印象を大切にしよう

FLOWER
ん?
もじもじ
どうしたんですか?
あの人に伝えたいことがあるんだけど…。
はずかしくって…
こっ…これは!愛の告白!?
そんなきたないメモじゃ台無しよ!
私たちに任せて!!
えっえっ
第一印象をよくしなきゃ!
雰囲気づくりがイマイチだねっ。

よい印象には“見た目”も大事！

どっちの人に注文したい？

どっちの授業がやる気が出そう？

A or B

“見た目”の印象って
けっこう大事なのネン！

まずは、そのメモを素敵なメッセージカードにしましょ！
ノートの切れはし…
私の一枚あげる
字も丁寧に書いてね。
切れはしとは大ちがいだなぁ
好印象は清潔な身だしなみからよ！
細かいところまできれいにね！
かみをとかしてつめを切って
耳そうじも忘れるなよ！
パチン
パチン
しわのない服を着て…
ピシッ
自分じゃないみたい!!
そ・し・て！姿勢よく、ね！
シャキーン!!
さぁ！行ってらっしゃい！
自信がついたよありがとう!!

ペットンのまとめ

センスのよさって，人に「いいね！」と好印象をもってもらうこと。

そのためには

第一印象となる“見た目”に気を配ろう。見てくれる相手がどう感じるか，という視点をもてると，センスアップだ！

好印象をもってもらうためにベストをつくせ！

社会でセンスを生かそう

んご〜〜
んご〜〜
困った！だれか助けてくれ〜。
ハッ！呼ばれて…いる!?
パチ
ん!?
!?
これはAンジャーの服…!?
PON！
さぁ、助けに行くのじゃ！
うわーーっ！
ビューン
神
あっいた！
ぷり〜ん
ハァ〜…
こりゃ、たぶんあの宇宙犬の落としものじゃ。
おいてこっと(笑)
ハッハッ
宇宙犬
自分の家の前にされたら、どう思うんじゃろうかのぉ。
はぁぁぁぁ

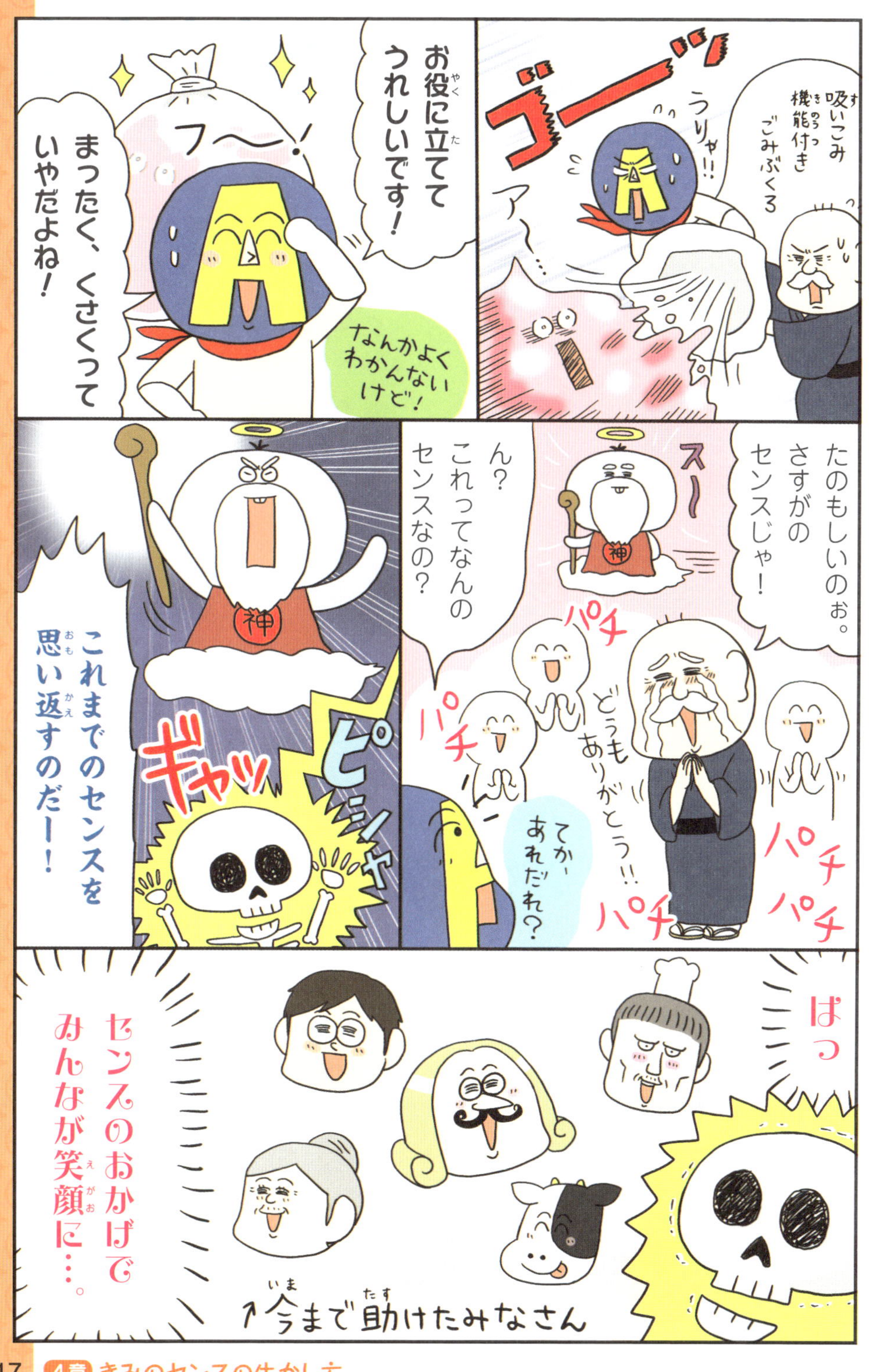
吸いこみ機能付きごみぶくろ
ゴーッ
うりゃ!!
ア～…
お役に立ててうれしいです!
フ～!
まったく、くさくっていやだよね!
なんかよくわかんないけど!
たのもしいのぉ。さすがのセンスじゃ!
スー
ん?これってなんのセンスなの?
パチ
どうもありがとう!!
パチ
パチパチ
パチ
てかあれだれ?
これまでのセンスを思い返すのだー!
ピシャ
ギャッ
ぱっ
センスのおかげでみんなが笑顔に…。
↑今まで助けたみなさん

ペットンのまとめ

自分だけハッピー

自分がされたらいやなことをしたり，自分さえよければいいという行動をする。そうすると，みんなが楽しくなくなる，社会の迷惑になる！

➡センス悪い！

みんながハッピー

自分以外の人に“素敵”をおすそわけ☆
そうすると，人のためになったり，みんなが気持ちよくなれたりする！

➡センスいい！

ぼくらは一人で生きているわけじゃないよね！　自分だけじゃなく，人を思いやれる気持ちをもてると，センスアーップ！

はっ！
パチッ
夢か！
翌朝――
昨日、変な夢を見たんだぁ。
オレがAチンジャーで宇宙犬のう〇こを～…ペットンが神様で～…
へー。
Aチンジャー大好きだねぇ
ペラ ペラ
ふ、ふ、ふ、ふ…。
な、なにやつ!?
ウアー!ッ
ほっ
よっ
そいや
ズ
ボッ
それはズバリセンスアップする予知夢じゃな！
ハァ ハァ
学園長の登場の仕方は少しもセンスアップしないな…。
痛そう…
ガサ ガサ

素直さはセンスへの近道

休み時間――
しんけん!
熱心だね～
なんの本を読んでるの?
べ、別になんてことない本だよ!
サ、サッカーの本!
目が泳ぎまくってるぅ…
そうなんだ…。
パァァァァ…
!?
なっなんだ!?
どどんっ
わ!夢で見たやつ!
神
何、これ!?
素直にな・あ・れ!
ギャーーッ
ヌヨイスー!!

「素直さ」はセンスアップの基本

うれしい，悲しい，面白いなど，自分が感じたことを素直に表現しよう！

「わっ！」と声が出るほどおどろいたり感動したりした経験は，きみの大切な宝物なんだ！

素直でいると，

周りの人の素敵なセンスをキャッチ！

自分もどんどん

センスアップ！

素直な心をもつことで，センスはどんどんアップするのじゃー！

そっか。自分の心に素直なほうがいいんだ。
ペットン、その格好なに？
はずかしいなんて思っても、案外周りの人は気にしてないからね！
素直に話してみたらいいことがあるかも。
チラ
さっきは、なんの本を読んでいたの？
てれ
てれ
実は最近、仏像に興味があるんだよね。
THE 仏像入門
じゃん！
へー！　そうなんだ！　そういえば学園長も仏像好きだったような…。
えっ…。
ドドドドド
THE
チョイスくううん！一緒に仏像で盛り上がろう～～♥
仏像って聞いて!!
仏像 LOVE
ち～ん…
ドドドドドドド

感じたことやアイデアはメモ！
いよいよね…。
ざわざわ…
今日って何やるのー？
だりーなー
ぐっぐっ
この学園で最もハードなセンスアップマラソンが始まるのよ。
説明しよう!!
学園の恒例行事！
センスアップマラソンとは…
センスを一気に高め，斬新なアイデアを競い合うハードな一週間！
最優秀センスアップアイデア賞の一名には
黄金のハイセンス像をぞうてい！
なーんだ、走るんじゃないんだ。
マラソンよりハードだよ…
ホッ
ノンノン！いろんな課題が次々と出されるのさ。
様々なことを体験して、アイデアを提案するんだ。
課題ってどんな…？
よーい…ドン！
パァン!!

一日目
ガリガリ
古代人になりきって壁画をかく
二日目
うぉりゃあああぁ
巨大魚一本釣りに挑戦
三日目
テテテンテンテ
テンテ
テン
テテ
テン
テン
テンテ
テン
めずらしい楽器でたましいのリズムを刻む
四日目
ペットン音頭を作っておどる
は～あ ペットン音頭で
ヒョコ
ヒョコ
ペットントン
五日目
100 m廊下雑巾がけ
ダダダダダ
ゼハーゼハー
こんなに次々と課題が出たら、何か思い付いても覚えてらんないよ！
え～っと…
コトハ、何してるの？
ん？
え？見ての通りメモを取っているのよ。
感じたことや思い付いたことは、メモしておくと忘れないでしょ。
ほら
メモメモ
ハッ！
みんなメモってるぅ!!

なるほど！
●雑巾がけは，めちゃめちゃつかれる。でも体のバランスがきたえられそう。
●筋力トレーニングに使うといいかも？
オレもメモっとこ!!
最終日――
おつかれさま！
みなさん、センスアップマラソンをよくぞやりきったざます！
今回もいろいろな体験を通して素晴らしいアイデアが生まれたざます！
レポートおきば
どど～ん
では、学園長より最優秀者の発表です！
栄えある最優秀センスアップアイデア賞は…。
ドゥラララララララララ…
ゴクリ…

おさらいするよ

自分がやってみて気付いたことや感動したこと，発見したことは忘れないように，メモやノートに書いておこう！そうすることで心にも刻まれるぞ。

メモがたまればたまるほど，きみのセンスはアップするのだ──！

キャラ変したってOK!

あれは30年前…。

オレたち、イケてるよな…。

あのころ、ワシはいつも何か物足りなさを感じておった…。

あぁ…

ワシ→

翌日(よくじつ)——
バァアァン
センスアーーップ！
（センスアップかどうかはわからんけどいつもよりイキイキしてるな！
似合(にあ)ってるぜ。
ありがとう♡
キャラ変(へん)したら、いろんな人(ひと)から話(はな)しかけられるようになったんじゃ。
そのシャツ、どこで買(か)ったの？
このよさをわかってくれますか？
そっかぁ、でもキャラクターを変(か)えるのって勇気(ゆうき)いるよなー。
ふむ、でもやってみたいと思(おも)う、その気持(きも)ちが大事(だいじ)なんじゃや！
たまにはいいこと言(い)うじゃん！
I♡像

“キャラ変”を楽しもう！

Let's キャラ変

オレ決めた！
素直にいくぜ！
いいぞ、いいぞ！
すくっ
I♥仏像
これからは、将棋の道を行くぜ！
将棋駒
仏像より好き!!
えっ…？
バッ
王手飛車取り
じゃーねー
ヘナ
ヘナ…
やーーーん さみしいいいいいい！
数少ない同志が〜!!
うわ…
うっうっ…

素敵さを伝えてセンスアップ！

かわいい！
ほんとね〜！
わい わい
こんにちは！
や〜ん
あ、あれはライバル校「グッドセンス学園」のマスコット、ぺったん！
おつかいで学園長に会いに来たんだって！
きゃっ きゃっ
いやいや〜
ほんとにかわいいわぁ。
しっとの炎
ゴウッ
ふん！ みんな、ちやほやしてさ…！
プイ！
おいらだって、センスあるし…。
しくしく…
かわいいもん…。

ペットンにはペットンの素敵なところがあるよ！
ポン
いつもぼくらを楽しませてくれるし。
ありがとう！
てへへ。
ヨミスはよく見ているわね。
友だちのいいところを見つけると、センスがアップするって習っただろ？
そうだった！観察してみよう！
カッ！
ペットン・スコープ！
ぺったん 年齢不詳
おしゃれのセンスが高い。帽子がトレードマーク
はきはきあいさつできる
おだやかでひかえめ
ぺったん、なかなかやるなぁ〜。

翌日――
みんな、おはよ～！
おはよう！元気なあいさつね！
エヘヘ
かわいい帽子！よく似合ってるよ――！
あっ！ペットン先輩！
むむ!!
おはようございます！あ、あの…ぼく…。
尊敬のまなざし
笑顔が素敵で人気者の先輩にあこがれてました！
え！
そうだよねー、人気あるもんねー。
ワハハハ
ま、なんでも聞いてくれたまえよ。
かっこいいです!!
やれやれ…
ぺったんのひかえめなところを見習わなきゃだね。

「素敵！」と感じたら伝えよう

みんなに素敵を伝える

友だちに素敵を伝える

素敵を伝え合うと，自分も相手もうれしくなるね！

ずーっとセンスアップ☆

しーん…
ゴホン…
諸君…。このセンスアップ学園で
たくさんの経験を積み、学んできましたね…。
思い出の数々
ウンウン
ンモォ〜
いろいろなことがあったね！
照れるなぁ〜
フフ…。あのころは若かったね！
いや、まだ若いし！
ビシッ

実は…今日できみたちは…
卒業です！
どーーん
そ、卒業…？
ざわざわ
早すぎじゃない？
ざわざわ
まだここにいたいです！
みなさんは、もう立派なセンスの持ち主。この学園での学びは終えましたよ。
自慢の生徒ざますっ
ウムウム
ま、待ってくれよ！卒業式とか卒業証書とか…、ないのかよ…。
センスアップに卒業の証はないのです。
パァァァァ…
これからはきみたちの力でいろんなセンスを育てていくのです…。
神
ざわっ…
ペ…ペットン!?
ペットンが神様って冗談じゃなかったんだ…!?

成長し続けるきみが素敵★

子どものころから育ててきたセンスが花開き，
大人になったときに，いろいろなシーンで活躍するんだよ！

あんなにハマってたセンスAンジャー、すっかり忘れちゃってるけど、オレ…。
チョイ悪モテオヤジって…
それでいいんじゃ。
仏像のことはいつでも思い出してくれていいんじゃよ…
夢中になって調べたり、勉強したりしたことも、忘れていって次の興味に移っていく。
だけど、それはチョイスの中に残っていて、いつかどこかで別のセンスにつながるんだよ。
ふーん…?
ほんとにペットンなの?
サイボーグ化してみました☆
バァン
あたくしもまた新たなセンスを見付けたざます。
へぇー、そんな年になっても、まだセンスアップするもんなんだな。
ビキィ
まだ勉強が足りてないようですわね…?
ビーッ
ギャヒーー!

エピローグ
がらーん…
みんな、旅立ってしまったね…。
ええ…。これからもセンスを育て、素敵に羽ばたいてくれることでしょう。
プルプル
ぴえええええん
えーん！さみちーーー！
さみちーーよーー！
おいらたちのこの星での役割もここまでだよ…。
ひっく…ひっく…
ポン

さぁ…、元の姿にもどりましょう。
ス…
ポウ…
パアアアアアア
ドン
全宇宙センス伝道師
ペットン神
ドン
女神・センス
ちーん
ここに参上！
…

わーん!!
あれえ!?
神になれてなーい!!
なんでワシだけ、神じゃないのよー!
フォフォ
神になるにはまだセンスが足りてないようじゃな。
あなたには学園長としてセンスをみがいてもらいましたが…。
修行はまだまだ続くようね。
しょんぼり…
神への道はまだまだなのかー。
ハァ〜〜…
そんなに落ちこむでない。私も数千年前はおまえと同じだったのじゃから…。
あきらめずセンスアップするのみじゃ!
は、はいっ!
神

…いい星、いい生徒たちじゃったな…。
ええ、本当に。
名残おしいけれど…。さぁ、次の星へセンスを育てに行きましょう！
おー
はい！
ピーン
ワシもまだまだしゅぎょーい修行
しゅっぎょく頑張る！
どーん！
神になれないわけだ！
し～～ん…

さぁ、いくぞ。ざぶとんは持ったかい？
でかっ!!
はい！
ゴウン ゴウン…
では、さらなるセンスを求めて…！
神
ガシャッ
しゅっぱ――っ！
ゴゴゴゴ…
ゴ――…
ほっほっほっ…。
がんばれ若者たち…
センスの大神
センスには、上には上がいるもんじゃぞ。